AF355787

Confédération Générale du Travail

LE

Meeting du 21 Mars 1921

COMPTE RENDU

DES DISCUSSIONS DU

Meeting des Représentants des Régions Dévastées

Organisé par la C. G. T.
le 21 Mars 1921, à Paris
Salle des Sociétés Savantes

PRIX : 0.50

ÉDITION
DE LA CONFÉDÉRATION GÉNÉRALE DU TRAVAIL
211, Rue Lafayette, 211. — Paris-X^e

1921

¶ *Dans ces quelques pages on trouvera le compte rendu complet du Meeting - Démonstration tenu le 21 mars 1921, Salle des Sociétés Savantes, à Paris, sur l'initiative de la Confédération Générale du Travail.*

¶ *L'intérêt considérable des questions qui furent discutées et des solutions qui furent examinées par cette réunion légitime une large publication. Les sinistrés, le monde du travail et le grand public également doivent connaître les raisons puissantes qui ont amené la C. G. T. à entreprendre une action qui suscite déjà de nombreuses controverses.*

¶ *N'ayant rien à cacher, n'agissant qu'au grand jour pour la suprême loi de l'intérêt général du pays, les organisations syndicales françaises devaient livrer ces débats au public, afin de lui fournir le contrepoids nécessaire aux informations souvent tendancieuses et intéressées.*

Le Meeting du 21 Mars 1921

Étaient représentées :

MUNICIPALITÉS

AISNE. — Saint-Quentin, Laon, Soissons, Château-Thierry, Chauny, La Fère, Essonnes-sur-Marne, Vadencourt, Gland, Landricourt, Abbécourt, Sissonne, Fère-en-Tardenois, Villers-Hélon, Crécy-sur-Serre, Coudren, Guise, Perles, Flavy-le-Mortel, Berey-le-Sec, Bléraucourt, Mézy-Moulin, Autremencourt, Dercy.

ARDENNES. — Herpy-l'Arlésienne, Givonne, La Neuville-les-Wasigny, Vivier-au-Court.

MARNE. — Reims, La Neuville-les-Reims, Unchair-par-Fismes, Œuilly, Cormonteil, Sommesous, Lavannes, Vrigny, Rilly-la-Montagne, Pourcy, Marfaux, Courtagnon.

MEUSE. — Varenne-en-Argonne, Vaux-devant-Damploup.

MEURTHE-ET-MOSELLE. — Audun-le-Roman.

NORD. — Roubaix, Arleux, Hérin, Curgies, Beuvrages, Lomme, Fourmies, Ormaing, Avesnes-le-Sec, Willies, Aulnoy-les-Valenciennes.

OISE. — Senlis, Sempigny, Noyon, Creil, Babœuf, Guiscard, Vassigny, Ribécourt, Ressons, Meignelay, Betz, Crépy, Estrées-Saint-Denis, Compiègne, Attichy.

PAS-DE-CALAIS. — Arras, Liévin, Hénin-Liétard, Lens, Bapaume, Avion, Isbergues, Beaulencourt, Noyelles-Godault, Courcelles-le-Courte, Avesnes-les-Bapaume.

SOMME. — Amiens, Villers-Bretonneux, Chaulnes, Péronne, Combles (zone rouge), Ercheu, Mesnil-Martinsart, Rollot, Caix, Andéchy, Foucaucourt, Rouy-le-Grand, Suzanne, Grivillers, Fescamp, Guillaucourt.

COOPÉRATIVES

AISNE. — Château-Thierry, La Fère et communes voisines, Sissonne, Crécy-sur-Serre, Barisis-au-Bois, Gland, Fère-en-Tardenois, Juvigny, Francilly-Sélency, Vadencourt, Bohéris, Liesse, Marchais, Coucy-les-Eppes, Eppes, Moussy, Gisy, Goudelancourt-les-Pierrepont, Joncourt-Vrancourt, Beaurieux, Mézy-Moulin, Autremencourt, Villers-Héron, Brécy, Séry-en-Mézières, Travecy, Acheu, Audelain, Branton.

ARDENNES. — Herpy-l'Arlésienne, Givonne, Mouron.

MARNE. — Reims, Jouy-les-Reims, La Neuvillette-les-Reims, Œuilly, Caurel, Pourcy, Marfaux, Courtagnon.

MEUSE. — Ippécourt, Varenne-en-Argonne.

NORD. — Denain, Avesnes-le-Sec, Pérenchies, Douai, Arleux.

OISE. — Senlis, Méry, Sempigny.

PAS-DE-CALAIS. — Ablain-Saint-Nazaire, Grévillers, Hérin-Liétard, Lens, Carvin, Courcelles-le-Courte, Avion, Billy-Montigny, Beaulencourt.

SOMME. — Chaulnes, Vermandovilliers, Mesnil-Martinsart, Roye, Rouy-le-Grand, Herbécourt, Etelfay, Guillaucourt, Ercheu, Rollot, Grivillers, Villers-Bretonneux.

* * *

La convocation du meeting

Lettre adressée à tous les Maires et à tous les Présidents de Coopératives de sinistrés des régions dévastées

Paris, le 5 mars 1921.

Monsieur le maire,

A la suite de l'enquête effectuée récemment par sa délégation, la Confédération Générale du Travail a décidé de réunir, en un meeting qui se tiendra à Paris le 21 mars prochain, les représentants qualifiés des populations des régions dévastées.

Nous convoquons donc en cette occasion :

Les représentants des municipalités, des coopératives de sinistrés, des organisations de techniciens, des Syndicats ouvriers ; les députés et les conseillers généraux.

Nous avons le ferme espoir que, comprenant l'importance de cette réunion, notre appel sera entendu.

Il s'agit de rechercher en commun les éléments propres à relever les ruines, d'entreprendre la reconstruction sur des bases qui mettent fin à l'anarchie et à l'incurie qui ont jusqu'ici présidé à l'administration de l'Etat ; et, d'autre part, de ne pas permettre l'exploitation des sinistrés, comme trop d'exemples démontrent qu'ils l'ont été jusqu'à ce jour.

Le problème de la reconstruction se pose sous un angle nouveau du fait qu'il apparaît nettement aux yeux de tous que seule une action collective, à laquelle seront appelés à participer toutes les catégories de sinistrés, et uniquement dirigée dans la sauvegarde de l'intérêt général, peut parvenir à reconstituer vos régions.

La Confédération Générale du Travail n'a pas l'intention de s'imposer aux sinistrés, pas plus qu'elle n'a la prétention d'apparaître comme le suprême sauveur.

Ce que veut la C. G. T., c'est coordonner toutes les bonnes volontés et tous les efforts qui ont déjà été dépensés d'une façon considérable, mais qui n'ont pas été coordonnés ou qui ont été contrariés, neutralisés par l'influence néfaste de l'administration d'Etat.

Enfin, la C. G. T. veut définir, en présence des intéressés, sa politique de reconstruction qui se trouve — est-il besoin de le redire ? — en opposition formelle avec la politique gouvernementale.

En organisant le meeting du 21 mars, la C. G. T. pense ouvrir pour les régions dévastées une ère vraiment nouvelle.

Ce meeting doit préluder à la constitution d'une personnalité morale capable d'offrir, tant au point de vue national qu'au point de vue international, toutes les garanties désirables et dans tous les domaines de la reconstruction.

Ce résultat ne peut être obtenu qu'à la condition expresse de donner aux municipalités et aux coopératives de sinistrés un statut plus complet que celui dont elles ont bénéficié jusqu'à ce jour et qui les mette à l'abri de toute ingérence administrative en leur donnant la responsabilité de la reconstruction.

En vous invitant instamment à participer au meeting du 21 mars, la C. G. T. n'a en vue que la sauvegarde de l'intérêt supérieur des populations sinistrées qui se confond intimement avec l'intérêt général du pays tout entier.

Veuillez agréer, monsieur, nos salutations distinguées.

Le secrétaire adjoint :
.Marcel LAURENT.

P. S. — Nous vous serions obligés de vouloir bien nous aviser dans le plus bref délai de votre participation au meeting.

LE MEETING

LA RÉUNION DU MATIN

Le meeting fut ouvert à 10 heures du matin, par une courte allocution du camarade Laurent, secrétaire adjoint de la C. G. T.

Après avoir apporté aux délégués des sinistrés le salut des organisations syndicales, il leur exprima rapidement quel était le but poursuivi par la Confédération générale du Travail

— Nous vous avons convoqué aujourd'hui, représentants des régions dévastées, pour vous permettre d'examiner en commun avec nous les moyens par lesquels on pourrait mettre fin à la situation douloureuse des populations des régions dévastées.

Nous vous exposerons, au cours de cette journée, les raisons qui nous ont amené à concevoir la reconstruction, et la sanction de cette réunion sera celle que vous voudrez bien indiquer. Si les vues qui sont nôtres peuvent en même temps être les vôtres, alors, nous pourrons examiner en commun les moyens de lier notre action, d'en faire une action commune aux fins que nous poursuivons.

Après cette introduction, il proposa à l'assemblée de composer le bureau du Meeting de la façon suivante :

Président : le citoyen Basly, député, maire de Lens.

Assesseurs : les citoyens Roche, maire de Reims ; Lefèvre, maire d'Arleux (Nord) ; Dutilloy, conseiller général de la Somme et conseiller municipal d'Amiens ; Boinet, conseiller général de la Somme, maire de Chaulnes ; Dufau, architecte.

Le camarade Demaret, secrétaire de l'Union des Syndicats de l'Aisne, représentera les Syndicats ouvriers.

Ce Bureau étant accepté à l'unanimité, le citoyen Basly, en prenant la présidence, prononça aussitôt un discours d'ouverture où il exposa de façon saisissante les doléances générales des sinistrés.

— Les sinistrés n'ont pas lieu d'être satisfaits. Depuis deux ans que l'armistice a été voté, on nous a promis, dans les débuts, beaucoup de choses. Nous avons reçu beaucoup de visites, président du Conseil et président de la République. Et je me rappelle encore les paroles qui ont été prononcées par M. Clemenceau à Lens : « Les Allemands paieront tout », et celles prononcées par M. Millerand qui, lui, est allé moins loin, nous disant, répondant aux revendications des populations qui l'entouraient, « que la dette était une dette de la France, une dette de solidarité ».

Mais, depuis cette époque, au lieu de voir nos populations encouragées par les subsides qui devaient leur être distribués pour reconstruire leurs propriétés, nous avons vu, au contraire, des réductions et des suppressions d'indemnités. On a dépensé beaucoup d'argent, mais il a été dépensé dans le gaspillage. On a créé de nombreux fonctionnaires incapables qui n'ont fait que gaspiller.

Il exprima le peu d'espoir que les dernières conférences diplomatiques lui inspiraient, et déclara qu'il fallait maintenant examiner avec soin les propositions de la C. G. T., car les suggestions du gouvernement sur les modalités à employer pour effectuer des emprunts municipaux lui paraissent tout à fait irréalisables. Ces emprunts ne pourraient avoir pour résultat que d'écraser pour longtemps toutes les municipalités.

L'exposé du camarade AGACHE
DU CONSEIL ÉCONOMIQUE DU TRAVAIL.

Entrant aussitôt dans le vif du sujet, Agache, divisant son sujet en deux parties,

un examen critique et un exposé constructif, aborde son discours par un rappel des
constatations qu'il a pu faire sur place
dans la délégation effectuée en janvier. Il
indique que ses renseignements ont été
recueillis sans parti pris auprès de personnalités de positions très différentes, afin de
recueillir des données probantes.

Seuls, les côtés industriel et agricole de
la question durent être négligés, faute de
temps et de moyens, et aussi parce que le
problème de l'habitation se pose aujour-
d'hui de façon plus pressante.

Il passe rapidement sur la critique de la
loi des dommages et de ses applications et
exprime son regret des dispositions qui
laissent le sinistré dans l'obligation de se
débrouiller lui-même. Pour que la reconstitution puisse s'opérer, il faudra avoir en
face de soi des groupements constitués
C'est la raison pour laquelle il pense qu'il
faudra encourager le développement du
groupement coopératif.

Il insiste sur l'organisation nécessaire de
la solidarité qui, seule, est capable d'avoir
l'autorité nécessaire pour déterminer l'ordre d'urgence des reconstructions.

Il n'a point de peine ensuite à démontrer la malfaisance de l'organisation administrative qui fonctionne sous l'autorité du
ministère des Régions libérées, et il expose
les directives générales d'hygiène et d'uti-
lité publique qui devront être suivies pour
l'établissement des plans d'aménagement
et d'extension des villes.

Repoussant les vues étroites de la plupart des entrepreneurs, il démontre que le
travail à effectuer dépasse la capacité de
nos entreprises nationales si l'on veut vraiment terminer les travaux dans un nombre d'années qui ne soit pas trop considérable.

Le problème financier attire aussi son
attention :

— L'Allemagne paiera, a-t-on dit. Mais l'Allemagne paiera quoi ? Est-ce qu'elle paiera
la dilapidation des fonds votés ? Est-ce qu'elle
paiera un travail à un coefficient de 6 ou 7
lorsqu'elle peut le faire au coefficient 2 ou 3 ?

Partout, ainsi qu'on a pu l'observer au
cours du voyage, les vues d'ensemble ont
manqué pour tous les travaux. En voici
un exemple :

— Le déblaiement s'est fait de différentes
façons. Quelquefois, ce sont les municipalités
qui l'ont fait ; quelquefois, ce sont les pouvoirs publics. Mais qu'est-ce qu'on a fait ? On
a déblayé les rues ; certaines municipalités,
intelligentes, ont eu l'idée de s'organiser de
telle façon que les déblais pris dans les rues
servent à remblayer certains autres terrains
et à permettre une extension de la ville. Mais
dans d'autres villes, on n'y a pas pensé.

Dans tous les cas, ce travail des déblais n'a
été fait que pour les rues. Pour les matériaux,
le principe individualiste qui a joué est celui-
ci : les matériaux de la maison appartenaient
à la maison et l'on a eu soin de remettre les
matériaux sur son emplacement, de sorte
que lorsqu'on voudra reconstruire, il faudra déblayer à nouveau. D'autre part, des
pans de mur sont restés debout. Lorsqu'il
faudra reconstruire, il faudra les faire tomber
et enlever les déblais.

Evidemment, la première chose à faire, et
c'est là où l'intervention des pouvoirs publics
aurait dû se manifester, où une dictature, en
quelque sorte, aurait dû exister, était de dire :
« Les déblais, nous les reprenons tous ! » Autour de chaque ville, on aurait réquisitionné
un terrain, d'accord avec les municipalités,
avec les sinistrés représentés soit par les coopératives, soit par les municipalités, et l'on
aurait mis les déblais, triés au fur et à me-
sure ; on aurait lavé la brique pour enlever le
salpêtre ; on aurait pu faire des blocs d'agglo-
mérés...

Critiquant les initiatives qui se sont pro-
duites, il montre que chacune pouvait
avoir sa valeur, mais ce qu'il fallait, c'était
de leur imposer une discipline commune.
L'intérêt étroit de l'individualisme n'a pas
d'ailleurs été l'apanage des seuls individus,
des villes même ont cru pouvoir se faire
une place à part sur une réclame parti-
culière. Tout cela doit disparaître pour la
réalisation du salut commun.

La dernière critique s'adresse à l'ensemble du pays. La plupart des Français ont
oublié le sort des régions dévastées et c'é-
tait le devoir du gouvernement de susciter
un mouvement général de solidarité. Cela
n'a point été fait mais deviendra l'œuvre
de l'organisation ouvrière.

LES METHODES A INTRODUIRE

— Il faut donc reconstruire, mais reconstruire dans les meilleures conditions, c'est-à-
dire qu'il faut reconstruire bien, qu'il faut re-

construire vite. Pour cela, il faut sortir des méthodes surannées en usage dans le bâtiment. Vous savez qu'on travaille aujourd'hui, dans le bâtiment, presque comme on travaillait au moyen âge, et qu'il y a eu très peu de progrès de faits.

Après avoir ainsi abordé le problème constructif, il expose la nécessité de déterminer un programme de travaux d'ensemble et des méthodes modernes d'exécution, de former des cadres techniques, de sélectionner la main-d'œuvre et d'inventorier les matériaux disponibles.

Pour le côté financier de la question, il montre combien il est stupide de demander de l'argent à un pays qui n'en a pas. Il faut, au contraire, renverser le problème, voir ce que l'Allemagne peut régulièrement donner et se servir des garanties ainsi obtenues en matériaux et en travail. Mais cette question ne sera résolue que si l'on sait réaliser une coopération intime entre tous les peuples qui ont collaboré à la destruction.

Ce qui est important donc, en reprenant l'ordre des faits, c'est la mise sur pied d'un organisme technique qui sera assez bien conçu pour voir le problème de très haut ; organisme technique qui serait immédiatement en relation avec les sinistrés, représentés par leurs coopératives et municipalités.

Ce groupement de techniciens serait, par exemple, une sorte de Haut-Commissariat. Je donne un nom pour vous faire comprendre ce que serait cet organisme : quand on fait une exposition internationale, on crée un organisme industriel et commercial qui, en dehors du gouvernement et sous son contrôle, a le pouvoir de faire le bilan de l'opération et de savoir ce qu'il faut dépenser. Il a pour charge d'organiser l'ensemble de la construction.

C'est cet organisme que je voudrais voir s'établir, organisme qui aurait tous pouvoirs et qui serait d'abord en relations avec les sinistrés d'une part, et le Conseil Economique du Travail pour les masses ouvrières organisées d'autre part ; d'un côté, le travail, les entreprises, de l'autre côté les sinistrés. Cet organisme prendrait des décisions auxquelles on ferait confiance et il pourrait alors assumer toutes les responsabilités après avoir divisé les travaux par secteurs.

Mais naturellement cet organisme nouveau ne pourrait fonctionner qu'à la con-

dition d'y limiter soigneusement le pouvoir de l'Etat qui n'aurait alors à intervenir, par exemple, que pour faciliter les transports.

Il faudrait aussi la garantie de l'Etat pour obtenir le concours financier des autres nations.

— Actuellement, nous ne pouvons pas avoir de pression sur lui. Mais si la masse des sinistrés, unie à la masse des travailleurs, montre qu'elle est capable de s'organiser toute seule, elle devient une puissance. Aujourd'hui, l'Etat est dans la main des gros industriels, parce qu'ils sont une puissance d'argent et de coalition ; eh bien ! cette puissance de coalition, vous, pouvez l'avoir en vous associant à la masse des travailleurs.

Quant aux municipalités sinistrées, elles ont un rôle particulier à jouer, si elles savent utiliser intelligemment leurs plans d'aménagement. Elle est libre, en effet, en disposant à son gré les voies et les monuments publics, de donner de la valeur à telle ou telle partie de son territoire. C'est à elles de mettre la main d'avance sur ces parties, afin d'en tirer bénéfice pour le bien de tous au lieu de laisser faire ces spéculations par des intérêts privés.

C'est la méthode qui est d'ailleurs déjà employée en Allemagne et en Angleterre, depuis longtemps et qui a permis d'organiser, sans charger les finances publiques, de si belles œuvres municipales.

Ce point est fort important, car il permettra de faire porter la totalité des apports de l'Allemagne sur la solution du problème de l'habitation.

En terminant son exposé des questions techniques, il indique que les solutions qu'il propose pourront être soumises à l'examen des sinistrés, afin de pouvoir en déduire une méthode de travail.

Discours du camarade FRANCQ

DU CONSEIL ECONOMIQUE DU TRAVAIL.

Avec le camarade Francq, c'est une nouvelle série de précisions qui sont exposées aux sinistrés. Il veut tout d'abord faire saisir, à l'aide de quelques chiffres, l'ampleur du problème de la reconstruction.

— Vous avez devant vous la nécessité d'as-

seoir une entreprise de travaux publics dont le montant atteint 104 milliards, et je ne crois pas qu'il ait jamais existé dans le monde entier une entreprise de cette ampleur. Or, qu'est-ce qu'on vous propose de faire pour assurer la réalisation de cette entreprise ? Les petits moyens habituels que nous employons habituellement pour reconstruire soit des maisons, soit des ports, des chemins de fer, c'est-à-dire des travaux qui, avant la guerre, pouvaient s'élever au maximum à un chiffre de milliards qui pourrait correspondre maintenant à environ cinq milliards de francs-papier. C'est alors qu'on vient nous dire : « Nous allons employer les petits trucs habituels pour cette entreprise formidable ! »

Cela est évidemment enfantin et ne peut convenir que pour des travaux ordinaires : il faut donc aller à des solutions nouvelles autres que celles de l'Etat, qui a tout juste su constituer un nouveau ministère sur lequel les sinistrés savent à quoi s'en tenir !

Or, alors que le Ministère des Régions libérées, organisme d'Etat, était incapable de reconstruire, que s'est-il passé parmi les sinistrés ? Ceux-ci ont cherché à coordonner leurs efforts ; ils se sont groupés ; ils ont essayé de prendre en mains leurs intérêts, et il faut dire qu'avec des moyens cependant insuffisants, ils ont obtenu des résultats remarquables. Mais c'est à d'autres méthodes qu'il faut avoir recours si l'on veut s'attaquer au problème d'ensemble.

Le gouvernement a-t-il été capable de leur donner ces moyens ? Les faits répondent d'eux-mêmes. Est-ce qu'un industriel qui veut construire un établissement se présente dans un établissement de crédit pour dire :

— « Je veux faire une usine pour fabriquer tel produit, donnez-moi de l'argent ! » S'il présentait la question de cette façon, on lui rirait au nez. Or, la France se présente de cette façon et vient dire : « J'ai 104 milliards de travaux à faire, maintenant ; j'ai à ma disposition un exemple de gabegie qui est le ministère des Régions libérées, et je n'ai aucun plan d'ensemble. » Eh bien ! je vous laisse à penser ce que peuvent répondre, soit les Américains, soit nos alliés, soit même les Allemands.

Il est donc absolument impossible d'obtenir des fonds, des crédits suffisants, s'il n'y a pas, à la base, un organisme qui offre des garanties à ceux qui avancent de l'argent. Et alors, nous transposons le problème et nous disons :

La première question n'est pas de trouver de l'argent ; la première chose à faire est de mettre sur pied un organisme qui sera capable, avec cet argent, de reconstruire. C'est pour nous la première œuvre à faire. Et pour faire cette œuvre, allons-nous, comme certains peuvent le penser, sortir de notre cervelle un plan à priori basé sur des doctrines quelconques, ou allons-nous chercher dans la vie ou dans l'évolution logique de cette vie les matériaux pour construire ? C'est ce que nous avons fait. Nous avons donc essayé de voir ce qui existait dans les régions dévastées.

C'est ainsi que nous avons pu constater l'intelligent effort des sinistrés eux-mêmes, mais leurs organismes sont encore insuffisamment développés. Les coopératives doivent donc être créées partout, être ensuite groupées par régions et finalement fédérées dans un organisme unique qui défende leurs intérêts généraux.

C'est alors que tous ces organes locaux des sinistrés pourront organiser une véritable reconstruction.

Quant aux sommes considérables qui devront être récupérées pour le paiement des travaux, il ne faut pas les attendre des solutions gouvernementales. Le problème consiste aujourd'hui à leur trouver une équivalence par la solution des réparations en nature.

Cela nous amène à examiner le problème de la main-d'œuvre et l'on constate tout d'abord une large insuffisance du nombre des ouvriers qualifiés. Il ne peut être question d'en demander à l'Amérique, qu'il faudrait payer en dollars, il faudra donc se tourner d'un autre côté.

Au Conseil Economique du Travail, les solutions de ce problème ont été examinées, et il est évident que cet aspect de la question est du ressort de la C. G. T. et non pas d'un organisme d'Etat quelconque. D'ailleurs, il serait du meilleur effet moral que ce soit ceux qui ont démoli qui viennent ensuite reconstruire...

En ce qui concerne les matériaux, des possibilités existent déjà sur place, tant en matière première qu'en matériel de transformation. On peut estimer que ces régions suffiraient à leurs besoins, mais il faudra étudier les détails de la répartition. Là aussi, il faudra mettre en œuvre les compétences qui existent dans les coopératives de sinistrés. Peut-être faudra-t-il, quand même, importer des matériaux, notamment du bois, mais cela devra être déterminé par les intéressés eux-mêmes.

Et la question du transport, si importante dans un programme de travaux si important ?

Il est bien évident que, de ce côté aussi, il faudra une organisation qu'aucun service ministériel ne saurait assurer.

Il y a aussi la question des forces motrices sur laquelle les efforts réalisés, bien qu'intéressants, révèlent, eux aussi, l'absence de toute vue d'ensemble et, par conséquent, d'économie rationnelle.

Examinant ensuite l'état de la reconstitution industrielle, il montre les différences qui séparent cette question de celle de l'habitation, et ses possibilités d'action qui sont tout autres que celles des sinistrés ordinaires.

Pour l'organisation des travaux, là aussi il faudra des vues d'ensemble :

— Le jour où l'on reconstruira d'une façon systématique — et nous ne pouvons concevoir que ce cas — il faudra coordonner les efforts des entrepreneurs ; il va falloir établir des bases d'approvisionnement par région ; il va falloir, pour cela, évaluer, dans une région déterminée, quels sont les besoins, comment doivent être employés ces matériaux ; il va falloir, en un mot, constituer un secteur de reconstruction.

A ce moment, il faudra donc une organisation de techniciens, et une organisation d'organisateurs. Il y a donc nécessité absolue pour que les efforts des maisons d'entreprises puissent donner leurs fruits qu'il y ait coordination absolument intime entre les efforts unitaires de chaque maison ; il y a donc nécessité là encore d'établir un programme d'ensemble, de déterminer le nombre de secteurs, d'organiser les bases de ravitaillement de ces secteurs et l'ordre d'urgence des travaux.

Nous avons posé la question à de nombreux directeurs de Coopératives de sinistrés et immédiatement ils nous ont dit : « Nous sommes à même, très vite, de déterminer quels peuvent être les secteurs de reconstruction, parce que nous sommes sur place, nous connaissons les possibilités de ravitaillement ; nous connaissons les gares d'eau, les gares de chemin de fer ».

Donc nécessité, pour organiser les cadres techniques, de la reconstruction, de faire appel encore aux Coopératives de sinistrés.

Autre question : le crédit ? Là, on peut considérer plusieurs solutions : solution seulement nationale, solution internationale, et réparation en nature par les Allemands.

La première, impossible de s'y arrêter. C'est donc vers la solidarité internationale qu'il faut se retourner. Mais, pour cela, il faut créer d'autres garanties que celles d'une gabegie administrative, c'est-à-dire constituer un organisme géré par les sinistrés eux-mêmes, et qui, seul, pourra inspirer confiance à l'étranger. Quant à l'exécution du travail, les Allemands nous ont assez prouvé pendant la guerre ce qu'ils savaient faire, et les vestiges qui en subsistent sur le front le démontrent suffisamment !

Il faut, pour commencer, débarrasser les sinistrés de toutes les entraves administrative et surtout leur permettre d'intervenir avec toute leur compétence dans l'évaluation des dommages, car évidemment, personne ne peut soutenir le système actuel. Les services techniques des coopératives effectueront ce travail avec beaucoup plus de garanties, de bonne foi et de rapidité que l'administration.

Pour constituer utilement tous les organismes nécessaires, les éléments fondamentaux existent déjà, il suffit de les grouper et de les organiser, et c'est même là une condition nécessaire, car il affirme en terminant :

— La reconstruction des Régions libérées sera l'œuvre coordonnée des sinistrés et des travailleurs ou elle ne sera pas.

SÉANCE DE L'APRÈS-MIDI

Dès le début de la séance de l'après-midi, c'est au tour du camarade Jouhaux, secrétaire de la C. G. T., d'exposer les conceptions d'ensemble qui ont guidé les organisations ouvrières dans leur initiative.

Après avoir déclaré que la question qui se pose est une question de vie ou de mort pour le pays, il déclare :

— Nous avons constaté que les organismes qui ont été créés, et sur lesquels nous avons porté notre critique avant qu'ils ne soient nés, étaient, par leur constitution même et par leur liaison avec les intérêts politiques, dans l'impossibilité absolue d'apporter un remède aux problèmes posés. Nous avons constaté que depuis l'armistice les routes que l'on a suivies pour essayer d'aboutir à des résultats étaient des routes qui devaient inévitablement mener à la situation de point mort où nous sommes actuellement. Nous avons pu juger à travers les actes politiques accomplis, à travers les tractations passées, que s'il y avait dans l'esprit de ceux qui débattaient ces problèmes l'idée de la réparation absolue, l'idée de la reconstruction en elle-même n'existait pas d'une façon assez précise ; et, c'est après avoir constaté ces faits, après avoir pris part nous-mêmes à l'action engagée sur ce terrain, après nous être armés de résistance, après avoir combattu en nous le scepticisme qui pouvait à chaque moment monter lorsque nous constatons l'inanité des efforts que nous proposons ; c'est après avoir pris cette attitude que nous avons décidé, au Conseil Economique de la Confédération Générale du Travail de faire une enquête rapide dans les Régions dévastées, d'en appeler aux sinistrés eux-mêmes et de leur dire : « Voilà le problème, voici les solutions. Il dépend de vous qu'elles se réalisent ». Car, laissez-moi vous le dire au début de mon exposé, il dépend de vous, absolument de vous que les Régions dévastées revoient la vie ou qu'elles restent dans l'état de stagnation où elles sont actuellement. C'est vous qui direz si vos régions doivent être un lieu de tourisme pour les peuples de l'extérieur ou si elles doivent être une source de richesses pour vous, pour la France et pour le monde.

Il fait alors l'historique de l'action déjà entreprise par la C. G. T. qui, depuis 1916,

s'est préoccupée des solutions que nécessiterait la reconstitution.

Déjà, devant la Commission Economique mixte du département de la Seine, un organisme centralisant les efforts avait été prévu, et des principes généraux avaient été établis. Ensuite, dès les premiers jours des négociations de paix, l'idée des réparations en nature avait été étudiée, et sous la pression de la C. G. T., elle fut inscrite dans le traité de paix ! Il en précise ainsi la portée :

— A ce moment-là on acceptait la proposition ; des pourparlers s'engageaient entre représentants du Gouvernement français et représentants du Gouvernement allemand d'une part, entre représentants des organisations ouvrières allemandes et représentants des organisations ouvrières françaises d'autre part. Deux réunions eurent lieu à l'hôtel des Réservoirs à Versailles. Puis sans que nous ayons pu définir les principes essentiels sur lesquels cette tâche allait commencer, silence total, plus rien, plus de pourparlers, plus de questions apportées, plus d'application de cette partie du traité de paix. Que s'est-il passé ? Nous ne sommes pas ici pour faire de la critique. Nous pourrons dire et nous voulons simplement dire qu'entre le point de vue de l'intérêt général et les possibilités de réalisation s'est interposé le point de vue de l'intérêt particulier et que c'est celui-là qui a exclu l'intérêt général.

Il appartient aujourd'hui aux sinistrés de reprendre la thèse interrompue et de faire passer dans les faits le principe des accords qui étaient intervenus à cette époque.

Mais, il y eut, par la suite, d'autres faits non moins importants, et des possibilités de réalisation furent apportées au gouvernement. Celui-ci fit la sourde oreille et contesta même leur exactitude ; ce qui amène Jouhaux à préciser :

— Je confirme, à l'heure actuelle, qu'en 1920 nous avons apporté au gouvernement de ce pays une possibilité de discussion pour la reconstitution des Régions dévastées basée sur l'intervention financière et technique de l'Amérique.

Nous avons donné les indications et nous avons indiqué au gouvernement qu'il avait lui-même à faire faire l'enquête ou les enquêtes nécessaires avant de commencer à entrer en pourparlers avec les personnes et les groupes que nous lui indiquions.

Le double du télégramme du ministère des Affaires étrangères, réponse de M. Jusserand, ambassadeur de France aux Etats-Unis au ministre des Affaires étrangères, en est une preuve indéniable. Et le télégramme n'ajoute pas que les propositions étaient vagues. Le télégramme déclare sur la personnalité engagée que c'est évidemment le plus célèbre et le plus estimé des organisateurs que les Etats-Unis peuvent contenir dans leur sein.

Quelle était cette proposition ? Les Américains nous disaient : « Nous voulons aider à reconstruire la France. Nous estimons que c'est l'acte le plus important, non seulement pour votre pays, mais pour l'Europe et pour le monde, à accomplir à l'heure actuelle. Tant que ces reconstitutions, déclaraient-ils, ne seront pas accomplies, il n'y aura d'économie stable à travers l'Europe et pas plus à travers le monde ». Ils voyaient juste, les faits nous l'ont démontré et l'avenir qui s'ouvre pourra peut-être malheureusement nous le rappeler un peu trop brutalement. Ils ont ajouté :

« Nous voulons aider à cette reconstitution, mais nous voulons que cette aide financière ne soit pas dispersée, dilapidée. Nous voulons que cette aide financière serve effectivement à la reconstitution, et pour cela ce n'est pas seulement la parole du gouvernement qu'il faut, c'est l'engagement des organisations syndicales, c'est un accord passé avec le travail... »

« ...Nous ne voulons plus prêter aux gouvernements qui n'ont pas encore trouvé la possibilité d'asseoir leurs finances sur une politique financière saine. Nous voulons que la reconstitution se fasse rapidement. Pour cela nous sommes prêts à faire les efforts nécessaires si le monde du travail accepte — et quand on parle du monde du travail il n'est pas dans l'esprit de parler seulement des ouvriers, il y a les techniciens de toute nuance et de toute qualité indispensables à la marche industrielle ou commerciale d'une affaire ou d'une société — de nous donner les garanties que nous vous demandons. »

Ces propositions méritaient donc un examen sérieux, d'autant plus que l'homme qui les exprimait était d'une compétence universellement reconnue : le général Goethals, qui fut chargé de terminer les travaux du canal de Panama.

Les garanties étaient donc sérieuses, et le gouvernement ne put moins faire que de paraître prendre des informations. Mais il s'ingénia surtout à faire le silence sur cette affaire.

Quelles furent les raisons de cette attitude ?

— Pourquoi les correspondances adressées d'Amérique ne sont-elles jamais parvenues à leurs destinataires ? Pourquoi l'enquête n'a-t-elle jamais été livrée au grand jour de la publicité ? Pourquoi ?

Là ce n'est pas non plus mon rôle de faire de la critique. Il est évident qu'il y a encore là des intérêts particuliers qui se sont glissés, qu'il y a eu là des intérêts politiques, une attitude à l'égard de la Confédération Générale du Travail qui a empêché la discussion de se poursuivre et d'aboutir aux accords que nous étions en droit d'en attendre. Qu'on ne nous dise tout de même pas à l'heure actuelle qu'il s'agissait de quelque chose de vague, de misérable, de simples discussions passées académiquement autour d'une table ! Il s'agissait de pourparlers qui ont duré plus d'un an avant d'aboutir à des formules concrètes qui portent la signature du général Goethals et la mienne. Il s'agissait d'un plan de reconstruction, et j'ose dire que ce plan ne se limitait pas à la seule reconstruction des Régions dévastées, mais voyait l'ensemble de la question : la réorganisation totale rendue nécessaire par les perturbations créées par la guerre.

Evidemment le fait, aux yeux de l'opinion publique de ce pays, que la Confédération Générale du Travail ait pu apporter une telle proposition, incarner en elle les possibilités de reconstitution et de développement de la vie, c'était quelque chose d'inacceptable pour les politiques à courte vue qui, au fond, défendent leur situation politique bien plus que l'intérêt général qu'ils ont mission de défendre...

Cependant, tout en resta là, et les sinistrés ont continué à se débattre dans des difficultés insolubles pendant que, de son côté, le gouvernement s'enfonçait dans les embarras financiers. La C. G. T. a donc attendu son heure et aujourd'hui elle peut dire :

— Maintenant, nous nous retrouvons face à face avec le gouvernement, avec les sinistrés pour nous départager et c'est votre jugement que nous voulons voir apporter à ce tribunal de l'opinion publique. Nous avons été condamnés à la dissolution, parce que, prétendait-on, nous avions accompli une œuvre contraire à l'intérêt général. Nous prouvons par des faits, par une suite ininterrompue d'actions que nous avons agi dans l'intérêt général...

Il appartient donc maintenant aux sinistrés d'apporter le verdict définitif, et de dire que c'est de leur intérêt qu'il s'agit et non pas de quelconques intérêts politiques.

D'autre part, la C. G. T. a recherché le concours des autres peuples, notamment du peuple allemand, et de ce côté des assurances formelles ont été obtenues :

— C'est parce que nous avons cette assurance, parce que nous connaissons la somme totale des réparations, les efforts qu'il y a lieu d'accomplir, la nécessité de les accomplir rapidement, que nous ne pouvons pas, nous, accepter la solution par laquelle ces régions reverront vie dans 3o ou 4o ans. Dans 3o ou 4o ans, il sera trop tard pour dégager l'indépendance économique de ce pays, et dans 3o ou 4o ans, vous ne toucherez plus rien et, si les reconstructions n'ont pas été faites, vous resterez Gros-Jean comme devant.

Nous nous sommes donc tournés vers le peuple allemand, nous sommes allés vers les organisations allemandes et nous leur avons dit : « Que pensez-vous des réparations ? » Unanimement, les organisations syndicales d'Allemagne ont déclaré que c'était un devoir pour le peuple allemand de rebâtir, de reconstruire. C'est forts de cette affirmation unanime que nous nous sommes tournés vers le gouvernement et que nous lui avons demandé ce qu'il comptait faire dans cet ordre d'idées.

Mais chacun sait que jusqu'ici les gouvernements se sont entêtés à vouloir rester sur le terrain financier qui ne peut être qu'une impasse dangereuse. Et les événements démontrent que rien ne sera obtenu dans cette voie. Quelles sont les véritables raisons de cette obstination ? Comme pour les offres américaines il y a là des obscurités équivoques :

— Le gouvernement déclare à l'heure actuelle qu'il y eut un moment dans les tractations, où l'on avait accepté cette idée et

donné quatre mois au gouvernement allemand pour présenter un plan ; que c'est parce que le gouvernement allemand n'a pas présenté ce plan dans les délais de quatre mois, que l'idée n'a pas été réalisée. Je ne veux pas mettre en doute cette affirmation, mais je demande simplement que la question soit posée au gouvernement, à savoir si le gouvernement français n'a pas entre ses mains deux rapports du gouvernement allemand auxquels jamais réponse n'a été faite. C'est seulement dans la confrontation de ces affirmations et dans la lecture des textes qu'on pourra se rendre compte de quel côté loge la vérité. Car, il faut en finir une fois pour toutes avec cette politique d'équivoques et de promesses à jet continu.

Pendant que l'on manœuvre de cette manière on se livre dans la presse à une campagne démagogique contre l'idée de l'emploi de la main-d'œuvre allemande. Il sera facile de démontrer combien les bases de cette campagne sont fausses puisque les travaux à faire dépassent de beaucoup la capacité de production des entreprises françaises.

Au lieu donc d'entrer résolument dans une voie de réalisations sérieuses, le gouvernement s'enlise dans des opérations militaires qui peuvent réserver de terribles lendemains !

— C'est contre cela que nous sommes, parce que nous sentons très bien qu'il n'y a pas possibilité d'aboutir dans cette voie et qu'il faut que les sinistrés eux-mêmes fassent acte de volonté et réclament la reconstruction par les moyens adéquats de ce à quoi ils ont droit.

Nous sommes avec vous dans cette voie ; avec vous, ayant constitué l'organisme d'ensemble capable de diriger cette opération formidable ; avec vous, pour trouver les matériaux nécessaires à la réalisation de cette politique de reconstruction ; avec vous, pour sortir de la situation dans laquelle nous sommes à l'heure actuelle et pour entrer dans la période des réalisations.

Cette situation incombe-t-elle aux sinistrés, aux organisations ouvrières ? Non ! Elle incombe à ceux qui ont considéré que les solutions résidaient exclusivement et résident exclusivement dans des solutions financières.

Eh bien ! ayons le courage de dire que c'est là une erreur ; ayons le courage de dire que c'est là un danger, danger qui ne peut nous conduire qu'à ceci : occuper plus encore de régions, dépenser plus encore d'argent, nous mettre sur les bras plus de populations civiles et développer dans l'Allemagne le pangermanisme le plus agressif.

Combien serait meilleure la voie ouverte par les organisations ouvrières du Bâtiment qui viennent de conclure à Genève des accords décisifs ! Combien l'accord entre les peuples serait supérieur aux discussions entre gouvernants ! Voilà donc la voie où il faut entrer.

—C'est cela que nous vous demandons, si vous êtes d'accord avec nous, si vous pensez qu'il y a assez longtemps que vous végétez, si vous pensez qu'il faut que vos régions revivent, qu'elles renaissent, si vous pensez que les méthodes de guerre ont fait leur temps, que les méthodes de travail sont seules susceptibles d'apporter les solutions aux maux dont nous souffrons, vous le déclarerez tout à l'heure. Nous serons avec vous. Nous accomplirons la besogne qu'il conviendra d'accomplir.

Si, au contraire, vous considérez que les méthodes qui ont abouti à l'impuissance, à la banqueroute de l'heure présente doivent continuer, avec ceux qui les ont pratiquées, vous en prendrez la responsabilité.

Fin de la discussion

Au cours de son discours, le camarade Jouhaux avait fait allusion à la constitution d'une Confédération des Coopératives de sinistrés, dont la formation avait été publiée dans la presse quelques jours avant le meeting. Il avait marqué combien ce fait était curieux, ayant surgi bien inopinément quelques jours avant la manifestation organisée par la C. G. T., et il avait exprimé sa crainte de voir là une manœuvre destinée à faire échouer le projet des organisations ouvrières.

Il avait été interrompu par l'un des membres de cette nouvelle organisation, le citoyen Braibant, maire d'Herpy-l'Arlésienne (Ardennes), lequel demanda la parole après la fin de l'exposé de Jouhaux pour remettre les choses au point.

Protestant de sa bonne foi, il assura que ce projet d'organisme n'était point dirigé contre les projets émanant de la C. G. T. et que sa présence au meeting démontrait qu'il était prêt à collaborer loyalement avec les organisations ouvrières. Puis, il exprima quelques craintes au sujet de la va-

leur réelle des offres américaines, ce qui amena de nouveau Jouhaux à la tribune pour préciser dans cette question la position de la C. G. T.

— Vous me rendrez justice que je n'ai pas été trop loin dans les affirmations que j'ai apportées. J'ai fait simplement l'exposé de propositions qui avaient été faites, de tractations qui devaient normalement se continuer. Qu'en serait-il sorti ? Mon opinion personnelle, c'est qu'il y avait là une base positive pour l'action en faveur de la reconstitution. Ce qu'il en serait sorti ? Seule la fin des discussions l'aurait dit. Ce n'est pas moi qui suis responsable qu'elles n'aient pas continué; ce n'est pas la Confédération Générale du Travail qui n'a pas voulu entrer en pourparlers; c'est le gouvernement qui n'a pas continué l'action qu'il avait commencée par l'envoi de son premier télégramme, par l'enquête de son ambassadeur. Et alors, c'est lui qui a cette responsabilité. Il serait vraiment trop simple de venir nous dire, maintenant, qu'on n'a pas voulu continuer les pourparlers, que cela n'aurait pas réussi. C'est une réponse qui est, je le répète, trop simple et j'ai le droit de dire qu'elle n'est pas exacte. En tout cas, la proposition était ; il fallait aller jusqu'au bout ; il fallait faire la preuve que ce que nous apportions n'était que du mirage, de la fumée... On en avait les moyens sur place et ici, pourquoi ne l'a-t-on pas fait ? C'est la seule question que je pose. Pourquoi, dans une question aussi importante que celle-là, alors qu'on s'adressait aux crédits américains, alors qu'on lançait des emprunts des Etats-Unis, pourquoi ne pas avoir poussé jusqu'au bout les investigations ? Pourquoi n'avoir pas été jusqu'au moment où l'on aurait su vraiment si c'était une proposition positive ou bien si c'était une proposition fictive ? Aujourd'hui, on a perdu le droit de nous dire que la proposition n'avait pas ou peu de valeur.

Ce qui est certain, c'est que l'initiative de la C. G. T. ne pouvait être suspectée et que son seul objectif était le retour à une Paix véritable. Est-ce la raison pour laquelle on fit la sourde oreille ?

Cependant il est encore temps d'agir et c'est pourquoi la C. G. T. a voulu que la parole soit donnée directement aux sinistrés.

C'est ce que vient confirmer Laurent, secrétaire adjoint de la C. G. T., qui après Jouhaux affirme que c'est aux sinistrés de juger en dernier ressort. Ils diront si l'initiative des organisations syndicales doit être poursuivie, et c'est eux-mêmes qui diront si ce meeting doit avoir une suite.

Le citoyen Marnet, secrétaire d'une des plus importantes Coopératives de Reims, confirme alors la sincérité des intentions de ceux qui ont pris l'initiative d'ébaucher une Confédération des sinistrés, et que seules des difficultés matérielles ont été cause du fait que les négociations préliminaires ont eu lieu dans les locaux du ministère des Régions libérées.

Le citoyen Poitevin, député de la Marne, annonce alors qu'en compagnie de Lobet il examinera le dossier officiel relatif aux offres signalés par Jouhaux.

Laurent déclare alors :

— Je demande également que vous veuillez bien consulter le nôtre, de manière à pouvoir confronter les deux.

Le citoyen Braibant, intervenant à nouveau, déclare que sans prendre d'engagement au sujet de l'adhésion de l'organisme récemment fondé à celui qui pourrait naître de l'initiative de la C. G. T., il est prêt à y collaborer.

Le citoyen Colas, président de la Fédération des Coopératives du Nord, s'associe aux déclarations de Braibant et déclare que le devoir des sinistrés est d'accepter toutes les suggestions d'où qu'elles viennent.

Après eux, le citoyen Lebas, député, maire de Roubaix, prend la parole pour déclarer :

— Je tiens à noter tout de suite que des exposés qui nous ont été présentés par Agache, par Francq et par Jouhaux, aucune idée, aucune suggestion ne fut relevée pour être contredite. J'en conclus donc qu'il y a pour ainsi dire, dès maintenant, à notre première rencontre, un accord quasi total, pour se diriger dans la voie qui a été ainsi tracée.

Lebas constate ensuite que l'effort à réaliser dans la reconstruction dépasse de beaucoup les possibilités d'exécution de la France agissant par ses seuls moyens. Il faut, néanmoins, en poursuivre l'exécution et pour cela, cette première réunion devra être suivie d'autres contacts. Les sinistrés, d'ailleurs, et surtout ceux du Nord, ont su

déjà mesurer l'importance des organisations ouvrières ; unies à celles des sinistrés elles pourront faire œuvre utile, et c'est alors qu'elles pourront former un bloc capable d'agir sur le gouvernement et le parlement.

Après ce discours, un bref échange de vues a lieu qui aboutit à la nécessité de désigner une Commission de vingt membres, soit deux par département. De plus, une place sera faite à une représentation de l'Alsace qui a également des ruines à relever.

Une brève suspension de séance a lieu et après quelques minutes, le président peut indiquer la composition de la Commission, qui comprend les personnalités suivantes :

Nord. — Doloré, représentant de l'Union des Syndicats ; Collas, président de la Fédération des Coopératives de reconstruction de Denain (Nord).

Pas-de-Calais. — Basly, député ; Stenne, maire de Bapaume.

Oise. — Uhry, député ; Fleurant, représentant des Syndicats agricoles.

Somme. — Guidet, maire de Combles ; Dutilloy, vice-président du Conseil général de la Somme, Conseiller municipal d'Amiens.

Aisne. — Demaret, secrétaire de l'Union départementale ; Doucedame, Conseiller général.

Ardennes. — Braibant Marcel, maire d'Herpy-l'Arlésienne ; Gilbert, secrétaire de l'Union départementale.

Meuse. — Yung, représentant de Coopérative ; Vautrin, représentant de Varenne en Argonne.

Alsace. — Grumbach, Conseiller général.

Marne. — Marret, secrétaire d'une Coopérative de reconstruction de Reims ; Roche, maire de Reims ; Duchâteau, secrétaire de la Bourse du Travail de Reims.

Seine-et-Marne. — Cellier, secrétaire de l'Union départementale ; Chaussy, député.

Meurthe-et-Moselle. — Petitjean, représentant de la municipalité d'Audun-le-Roman.

Vosges. — Bailly, représentant de la municipalité de Rambervilliers.

Les citoyens Uhry, député de l'Oise, et Foulon, maire de Cormontreuil, ajoutent alors quelques observations sur la nécessité d'une représentation des maires en cas d'une prochaine réunion ; puis le président donne lecture de la résolution suivante, qui est proposée au vote de l'assemblée par la Commission qui vient d'être désignée :

Les sinistrés, réunis en meeting à Paris, le 21 mars 1921, sur l'initiative de la C.G.T.

Se félicitent du puissant intérêt porté par celle-ci à la restauration des régions dévastées ;

Enregistrent avec satisfaction les déclarations de la C. G. T. d'une part et des sinistrés d'autre part.

Déclarent vouloir continuer l'œuvre aujourd'hui ébauchée.

Décident d'organiser, le dimanche 24 avril 1921, un Congrès des sinistrés qui établira, de façon méthodique, le programme de reconstitution des régions dévastées dont les grandes lignes ont été données au cours du meeting de ce jour.

Mis aux voix, cet ordre du jour est adopté à l'unanimité aux applaudissements de l'assemblée.

Il est décidé ensuite que la Commission, agissant en qualité de Comité d'organisation du Congrès prévu, se réunira le vendredi suivant pour rédiger un appel à toutes les communes et à tous les sinistrés.

En quelques mots, ensuite, le camarade Laurent remercie les assistants d'avoir répondu à l'appel de la C. G. T., et le citoyen Basly, en levant la séance, exprime l'espoir que du prochain Congrès sortira le mouvement de rénovation nécessaire au relèvement des régions dévastées.

APPEL
du Comité d'organisation du Congrès

Le 5 avril 1921 le Comité d'organisation du Congrès a lancé l'appel suivant :

Aux Municipalités, aux Coopératives de sinistrés, aux Syndicats ouvriers, aux Syndicats de techniciens, aux Élus (Sénateurs, Députés et Conseillers généraux).

Vous avez été informé en son temps de la tenue du meeting qui s'est réuni à Paris, le 21 mars, et dont la Confédération Générale du Travail avait été l'organisatrice.

A ce meeting, un exposé d'une politique générale de reconstruction a été fait, qui comprend notamment la réorganisation totale des services de reconstruction ayant pour conséquence de confier aux coopératives de sinistrés et aux municipalités la pleine responsabilité de la reconstruction en ne laissant aux services d'Etat qu'un simple pouvoir de contrôle.

Les Municipalités et les Coopératives de sinistrés, dont vous trouverez ci-joint la liste, réunies au meeting du 21 mars, votèrent à l'unanimité l'ordre du jour suivant :

« Les sinistrés réunis en meeting à Paris, le 21 mars 1921, sur l'initiative de la C. G. T., se félicitent du puissant intérêt porté par celle-ci à la restauration des Régions dévastées ; enregistrent avec satisfaction les déclarations de la C. G. T. d'une part et des sinistrés d'autre part ; déclarent vouloir continuer l'œuvre aujourd'hui ébauchée.

« Ils décident d'organiser, le dimanche 24 avril, à Paris, un Congrès de sinistrés qui établira de façon pratique et méthodique, le programme de reconstitution des régions dévastées, dont les grandes lignes ont été données au cours du meeting de ce jour (1). »

MUNICIPALITES,
COOPERATIVES DE SINISTRÉS !

Nous vous faisons le plus pressant appel en vous demandant d'envoyer un délégué à ce Congrès où seront mis en pleine lumière les principes d'une politique rationnelle de reconstruction sans laquelle il n'y a pas de résurrection possible des cités et des campagnes détruites.

Nous comptons que vous le comprendrez comme nous, et nous vous donnons rendez-vous à Paris, le 22 avril 1921.

Cordiales salutations.

Pour la Commission d'organisation :

Le président: BASLY, député, maire de **Lens.**

Les vice-présidents: ROCHE, maire de **Reims;** DUTILLOY, vice-président du Conseil général de la Somme, Conseiller municipal d'Amiens.

Le secrétaire : DOUCEDAME, Conseiller général de l'Aisne.

P.-S. — Le Congrès se tiendra à Paris, salle du Palais de la Mutualité, 325, rue Saint-Martin (métro Saint-Denis), le vendredi 22 avril. Les portes de la salle seront ouvertes à 8 h. 1/2. Le Congrès durera toute la journée.

---

(1) En raison de difficultés matérielles, la Commission d'organisation du Congrès, qui fut désignée par le meeting pour faire appel aux représentants de tous les sinistrés, dut avancer la date au vendredi 22 avril.

Il faut lire le rapport de la Commission d'Enquête du Conseil Economique du Travail dans les Régions dévastées.

Ce rapport, édité avec soin, constitue un document unique.

Il est d'un prix modique : 1 fr. 50.

Pour le recevoir par la poste, adresser le montant en y joignant 0 fr. 30 pour frais d'envoi, soit 1 fr. 80, à CALVEYRACH, Trésorier de la C. G. T., 211, rue Lafayette, Paris (Xᵉ).